AF262243

COMPTE

RENDU

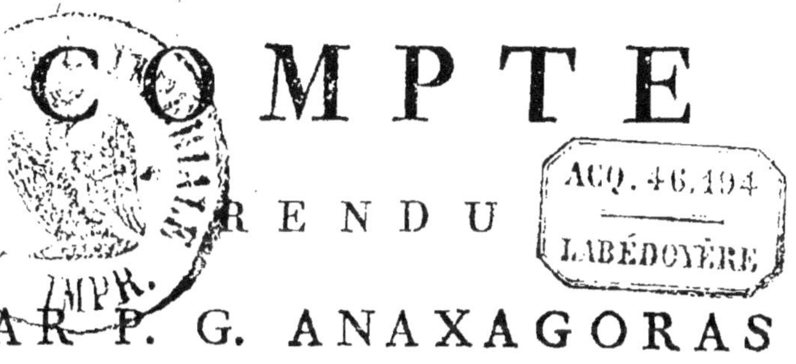

PAR P. G. ANAXAGORAS

CHAUMET,

A SES CONCITOYENS

DE LA COMMUNE DE PARIS.

COMPTE

RENDU

PAR P. G. ANAXAGORAS

CHAUMET,

A SES CONCITOYENS

DE LA COMMUNE DE PARIS.

> » Je leur ai beaucoup d'obligation ; car
> je mesurerai si bien mes paroles et mes
> » actions, que je les convaincrai de men-
> » songe. (*Philippe-de-Macédoine.*)

MES CHERS CONCITOYENS,

J'arrive d'une mission que les ennemis de la patrie ont cherché à rendre périlleuse ; j'en arrive digne de vous, digne de moi.

Je vais vous parler des citoyens de l'occident de la France, vous parler de leur zèle et des ressources qu'ils procurent à la république ; je

A

vais vous faire connaître les vertus mâles qu'a créées parmi nous le saint enthousiasme de la liberté ; vous rapporter enfin la réponse des amis de la liberté, à qui j'ai annoncé son danger : elle est courte, cette réponse ; elle est sublime, et telle qu'on devait l'attendre. *Ils sont en présence de l'ennemi.*

L'Assemblée nationale et le conseil exécutif avaient envoyé, dans les départements, des commissaires, pour y faire armer des défenseurs de la patrie, élever les âmes à la hauteur des évenements, et ranimer l'espoir des citoyens, que des perfides cherchaient à abattre. Je suis du nombre de ces commissaires. A différentes époques, mon collègue et moi, avons instruit le conseil exécutif du succès de notre mission ; mais il est des traits qui appartiènent à la nation entière, et que l'on ne saurait laisser dans l'oubli, sans se rendre coupable d'indifférence sur la régénération des mœurs, sans lesquelles point de république.

Par tout où nous sommes passés, nous avons trouvé des hommes libres ; par-tout ils ont sonné la charge contre les Rois et la Royauté ; par-tout le décret fameux qui sauve la France, a été prévenu ; et tandis que la Convention le méditait, nous y préparions les esprits. A notre voix, d'invincibles bataillons levaient la bannière, et nous pouvons assurer que les seize

départements parcourus par les premiers commissaires du conseil exécutif, au nombre desquels
nous étions, ont fourni à la république une armée
de plus de cent mille hommes, munie de vivres,
d'armes en bon état, et sur-tout d'un grand courage.

Par-tout il s'élevait une lutte de patriotisme;
les époux embrassaient leurs femmes, leurs enfants, et venaient se faire inscrire; ceux qui ne
pouvaient partir, se dépouillaient de leur uni-
forme, et en revêtissaient ceux qui partaient.

D'abondantes contributions volontaires étaient
déposées entre les mains des officiers munici-
paux; les femmes faisaient le sacrifice de leurs
bijoux; le pauvre, après avoir fait enrôler son
fils, venait apporter son denier. Tout le monde
était riche pour venir au secours de la patrie;
on se croyait déshonoré de rester dans l'inac-
tion. Nous avons souvent été obligés d'arrêter
le courage des vieillards et des enfants; ils nous
mouillaient de leurs larmes, et nous conjuraient
à mains jointes, de leur permettre de marcher.
O nos chers concitoyens! qu'elle sera grande
cette génération future! quel rôle imposant elle
doit jouer sur la terre! que nos représentants se
hâtent, par l'instruction nationale, de lui donner
les moyens de développer les vertus publiques
qui germent déjà dans son âme; oui, nos enfants
sont affamés des vertus républicaines.

A 2

Ces scènes attendrissantes se répétaient journellement sous nos yeux ; par fois nous en avons été distraits par ces mouvements irréguliers qu'impriment à la machine politique les grands évènements qui viènent de se succéder.

Dans les petites villes de Houdan et de Saint-Pierre-sur-Dives, les contre-révolutionnaires s'étaient fait des partis ; les citoyens étaient divisés ; à notre arrivée, nous trouvâmes les agents secondaires des conspirations arrêtés, mais les chefs étaient encore libres. Les citoyens irrités ne voulaient point s'enrôler, de crainte de laisser leur famille livrée à la fureur de ces méchants. Un de ces hommes dangereux nommé Jarry, maire d'une petite paroisse voisine de Saint-Pierre-sur-Dives, créature de *Despréménil*, avait refusé dédaigneusement de se rendre à la convocation générale ; il nous traitait de brigands, commissaires d'autres brigands, et en cela il était parfaitement d'accord avec le parti méprisable qui nous calomniait à Paris, tandis que nous accomplissions une mission épineuse, et du succès de laquelle dépendait le salut de l'état. On eût dit que les aristocrates et les intriguants s'étaient donné le mot.

Le maire Jarry était l'âme de tous les complots ; il avait mis dans son parti un juge de paix imbécile ; et tous deux, aidés de leur faction,

avaient déjà occasionné des scènes de sang dans
le pays. Le juge de paix était accusé d'avoir mis
le trouble dans les familles; d'avoir laissé languir
trois malheureux détenus depuis quatre ans, pour
délits de police correctionnelle, sans les avoir
interrogés : nous vîmes ces malheureux; et quelle
fut notre surprise, en apprenant par la procé-
dure, qu'un d'entre eux, vieillard âgé de 70 ans,
n'était accusé d'autre délit que d'avoir demandé
l'aumône : l'autre était un canonnier matelot, qui
avait volé une poule; et le troisième était chargé
d'un délit à-peu-près semblable.

Nous promîmes à ces infortunés de recomman-
der leur affaire au tribunal de département, et
nous ignorons s'ils sont maintenant jugés.

Cependant la fermentation était à son comble;
le cri de mort frappait nos oreilles : envain
cherchâmes-nous à calmer les esprits : le peuple
était trop profondément indigné; mais nous con-
naissions le bon esprit de ce peuple, et nous étions
sûrs de le ramener aux principes de justice et
d'humanité.

Voici l'expédient dont nous nous servîmes :
nous imaginâmes de le faire juge dans sa propre
cause, et bientôt ceux qui demandaient les têtes
de ces fonctionnaires coupables, furent les premiers à protéger leurs personnes et leur liberté :
Ils se contentèrent de les dépouiller des fonc-

tions dont ils les avaient investis, et cela, avec tous les ménagements que l'on doit à des vaincus.

Voilà, citoyens, voilà les seuls actes de rigueur auxquels nous ayons présidé ; et à entendre les intriguants et les calomniateurs à tant par feuille, tous les commissaires du conseil éxécutif étaient des *perturbateurs*, des *agitateurs* ; mais nous le leur prédisons..... ces nouveaux sobriquets ne feront pas plus fortune que ceux de *factieux et de républicains*, dont on gratifiait, naguères, les vrais, les seuls amis de la patrie. Qu'ils parcourent le district de Lizieux, ces mêmes calomniateurs ; c'est-là que nous répondrons à leurs inculpations.

A notre arrivée, les agents des Prussiens de Paris avaient soulevé les campagnes ; et comme s'il y eût eu un complot de tramé pour nous perdre et avec nous la chose publique, tandis qu'on nous déchirait à Paris, de soi-disant commissaires troublaient nos opérations, faisaient incendier les châteaux des émigrés, levaient des contributions forcées, et publiaient que nos pouvoirs étaient révoqués ; que nous étions des espions, et mille autres absurdités qui faisaient sans doute partie de leurs instructions. Toutes ces machinations avaient divisé les citoyens des villes et ceux des campagnes : des imprudents ou des traîtres osaient parler de force publique ; la guerre civile était sur le point d'éclater : en nous calomniant, on croyait énerver notre courageuse activité ; mais...... et nous aussi, nous avions juré de mourir à notre poste...... eh bien ! citoyens, rien ne nous a arrêtés ; nous avons bravé tous les dangers ; tous les incendies ont été éteints par les mêmes bras que nous avions trouvés armés de torches ; et là, où étaient des hommes divisés et déjà ennemis, on ne trouvera plus qu'une famille de frères, désormais indivisible.

C'est à Caën, sur-tout, que nous avons éprouvé combien il était difficile de faire le bien, quand les petits ambitieux en place s'y opposaient. Le directoire de département fut sourd à toutes nos réquisitions pour le départ, l'armement des bataillons, et la formation des compagnies à cheval.

Ce directoire, chargé du poids de l'indignation publique, déclaré indigne de la confiance des administrés, par le corps électoral de Baïeux ; lorsque nous nous plaignîmes des vexations qu'exerçaient dans les campagnes ces soi-disant commissaires des départements, et une foule d'autres commissaires lâchés à nos trousses ; (on ne sait par qui, ni comment,) ce directoire eut l'audace de nous dire qu'on devait ce désordre à nos estimables collègues, les citoyens *Albitte* et *Lecointre* ; qu'ils avaient eux-mêmes prêché la violation des propriétés. Oh ! vous sentez avec quelle horreur nous repoussâmes cette odieuse inculpation, et avec quelle énergie nous défendîmes ces deux hommes qui, jusqu'à présent, se sont montrés si purs, si zélés pour le bien public, et qui eux-mêmes nous avaient dénoncé ce directoire impudent. Nous ne pûmes obtenir aucune raison de ces gens prévenus, et qui, d'accord avec les calomniateurs, voulaient arrêter les progrès rapides de notre mission : c'est alors que nous nous dîmes, comme Philippe de Macédoine : « Je leur ai beaucoup d'obligation ; car » je mesurerai si bien mes paroles et mes actions, » que je les convaincrai de mensonge. » La famine menaçait le département du Calvados ; déjà la ville de Caën manquait de pain ; on nous avait dénoncé des exportations qui se faisaient par la grève de Dives, le petit port de Trouville et autres endroits sur la côte : nous requîmes du directoire, qu'il eût à faire mettre en mer les pataches qui servaient jadis aux employés des gabelles, pour côtoyer les rives françaises ; qu'il multipliât les corps-de-garde sur la côte : mais le directoire était sourd : alors, quoique nous eussions à craindre les pièges et les trahisons, nous allâmes nous-mêmes parcourir les municipalités bordières ; nous excitâmes leur surveillance. Déjà elles avaient établi des corps-degarde sur les plages de la Manche : nous les multipliâmes, et nous en fîmes, sur-tout placer aux embouchures des rivières, et par-tout où l'on pouvait facilement arriver de petits navires. Les citoyens y font le service avec un zèle et une exactitude incroyables : mais on se plaint par-tout de la cherté du bled, de la mauvaise foi des fermiers et marchands de bled. Nous avons promis de porter ces réclamations à la convention nationale. Le dévouement du peuple exige d'elle la plus scrupuleuse attention sur sa subsistance : lui indiquer le mal, est un titre pour en espérer la guérison.

Parmi les milliers de traits de générosité, de courage et de patriotisme, dont nous avons été les témoins, en voici quelques-uns qui méritent la plus grande publicité.

Dans la petite ville de Houdan, ville assiégée jadis par cet infâme *Lafayette*, parce qu'elle renfermait une quarantaine de patriotes qu'il voulait faire fusiller pour amuser ses aides-de-camp et ses esclaves, une des victimes de ce traître, le citoyen *Pollisse*, décoré de la croix militaire, âgé de 58 ans, et commandant de la garde nationale, après nous avoir entendus proclamer les dangers de la patrie, fut le premier à se dépouiller de ses épaulettes, de sa croix, et joignit à son don un assignat de cent livres.

« Voilà, nous dit-il, tout ce que je puis du
» côté de la fortune ; car je suis un pauvre Plé-
» béien : cette croix m'a coûté du sang, un ser-
» vice long et pénible ; je crains qu'elle ne me,
» coûte maintenant l'honneur ; loin de moi toute
» décoration royale ; remettez-la à l'Assemblée
» Nationale, et qu'elle serve aux frais de la
» guerre : si je ne puis fournir abondamment aux
» frais de cette guerre, que je pressens heureuse,
» je la ferai moi-même. J'ai commandé pendant
» très-long-temps, je dois savoir obéir ».

» Et vous, dit-il, *en s'adressant aux jeunes*
» *citoyens qu'il commandait :* si vous avez un peu
» d'amitié pour votre vieux commandant, ne le
» laissez pas partir seul ; car je m'enrôle ici
» comme volontaire pour marcher contre l'en-
» nemi ».

Ah ! vous sentez, citoyens, quelle ample moisson
de guerriers nous valut un si beau trait. Voilà,
Citoyens, voilà les hommes que la Fayette traitait en ennemis. Mais la Nation dédommagera
sans doute *Pollisse*, des maux que lui a causés
un traître.

Vous connaissez peut-être déjà le beau trait
de ce citoyen de Lizieux, père de sept grena-
diers, dont quatre sont dans les camps, et qui,
après avoir fait enregistrer les trois qui lui res-
taient, s'est enregistré lui-même, pour remplacer

le premier de ses fils qui périrait en défendant la cause de la liberté.

Que de traits de cette force , j'aurais à vous rapporter ! Ici, ce sont des mères qui viènent elles-mêmes solliciter la faveur de l'enregistrement pour leurs fils ; là, des pères s'enrôlent avec leurs enfants, et jurent de vaincre ensemble.

A Neubourg , les jeunes filles voyant les enrôlements languir , jurent de n'épouser aucun jeune homme qu'il n'ait été combattre pour son pays.

A Harcourt, un pauvre journalier, père de quatorze enfants, vient faire enregistrer le plus fort de ses fils, âgé de dix-neuf ans , et offre, d'un air pénétré, son petit billet de cinq sols pour les besoins de la patrie.

Ailleurs, ce sont de vieux officiers invalides qui, ne pouvant marcher ni donner beaucoup, arrachent leurs épaulettes , les galons de leurs boutonnières , et les déposent sur le bureau. Nous en avons vu, de ces vieux militaires, pleurer amèrement en nous montrant leur jambe de bois.

Il serait trop long de vous détailler ici tous les traits qui caractérisent ce peuple si souvent calomnié ; il nous suffit de vous dire qu'il est réservé à la Convention Nationale de prononcer sur le sort d'un peuple fait pour servir de modèle à tous les peuples de la terre.

Ce n'est pas que dans certains endroits nous n'ayons eu à combattre cet esprit militaire, que des scélérats s'étaient étudiés à introduire en France. C'est chez un peuple guerroyeur, que l'on doit propager cet esprit; mais chez un peuple libre et juste, il ne faut s'en servir que comme d'un dogue furieux, en l'enchaînant, de crainte qu'il ne finisse par dévorer ses maîtres.

Voilà, mes concitoyens, le tableau rapide et raccourci des opérations auxquelles j'ai contribué.

J'ai été enveloppé dans les plaintes qui ont été portées contre les commissaires en général; on n'a pas désigné ceux qui avaient rempli leurs devoirs, ni ceux qui avaient péché. J'exigerai donc que l'on s'explique clairement. Si j'ai mal fait, que l'on prononce. L'homme libre peut s'égarer; mais il ne sait pas se soustraire au châtiment quand il le mérite, parce qu'il sait que quand la patrie punit, elle le fait en mère qui ne desire que le bien et l'amendement de ses enfants.

Mes affaires ont périclité en mon absence..... Je suis pauvre, et je ne souffrirai pas qu'on me prive impunément de la seule propriété qui me soit chère..... ma réputation. La vie d'un véritable républicain doit être sans tache.

Au nom de la justice, je demanderai que l'on nomme ceux qui ont été accusés, afin qu'ils puissent se défendre. S'ils sont innocents, ils confondront l'imposture ; s'ils sont coupables, ils iront eux-mêmes au-devant de la punition, et par là pourront faire oublier leurs erreurs et mériter l'indulgence de la république; car je présume que s'ils ont outrepassé leurs pouvoirs, ils ne l'ont fait que par trop de zèle ; et de l'excès de l'amour du bien au crime, la distance est immense.

Quant à moi, citoyens, je me félicite d'avoir été digne aussi d'être calomnié; cela me procure le bonheur de me disculper publiquement et devant vous.

L'ennemi de *Jason*, qui voulait le tuer, lu ouvrit, d'un coup de lance, un abcès qu'il avait dans le corps, et lui sauva la vie.

Maintenant j'ajourne mes ressentiments particuliers jusqu'après la France irrévocablement sauvée. En attendant, je déclare une guerre à outrance à tous les intriguants qui cherchent à faire naître de nouveaux partis. Je ne sers ni *Céphas*, ni *Apollon* ; j'apprécie les hommes ce qu'ils valent, et je ne vois que la France.

Eh ! que m'importent *Pierre* ou *Paul* ? c'est la république qu'il nous faut à tous ; mais la république indivisible.

Je voue d'avance à l'exécration, quiconque oserait proposer un autre gouvernement que le gouvernement populaire.

Je n'ai pas peur de ces grands mots, *dictature,* *Trumvirat.* C'est la république que veut toute la France..... Point de magistrature suprême..... La république, et toujours la république. Point d'homolâtrie..... la France ne porte aucun nom d'homme..... Elle s'appèle *France,* et je ne vois qu'elle, et je ne veux servir qu'elle. Voilà ma profession de foi politique ; voilà ma réponse à ceux qui ne voyent que les hommes , et qui calomnient ceux qui ne voyent que leur patrie.

P. G. Anaxagoras Chaumet,

l'un des représentants de la Commune du 10 Août.

De l'Imprimerie de C.-F. PATRIS, rue du fauxb. Saint-Jacques, aux Dames Sainte-Marie.

196